Inhalt

EU-Grünbuch - Vorschläge zur Verbesserung der Abschlussprüfung

Kernthesen

Beitrag

Fallbeispiele

Weiterführende Literatur

Impressum

EU-Grünbuch - Vorschläge zur Verbesserung der Abschlussprüfung

Annett Kaindl

Kernthesen

- Die EU-Kommission hat ein Grünbuch zur Abschlussprüfung erarbeitet und zur Diskussion gestellt.
- Die Qualität der Abschlussprüfung soll verbessert werden, da auch der Prüferbranche eine Mitschuld an der letzten Finanzkrise zugesprochen wird.
- Die aktuellen Überlegungen reichen von einer amtlichen Bestellung der Prüfer, über eine obligatorische Rotation, bis hin zur Pflicht zu Prüfkonsortien.

Beitrag

Warum ein Grünbuch zur Abschlussprüfung?

Der Berufsstand der Wirtschaftsprüfer wurde im Jahr 1931 infolge der Weltwirtschaftskrise ins Leben gerufen. Die Prüfer sollten als unabhängige fachliche Experten den Aufsichtsrat bei der (rechnungslegungsbezogenen) Überwachung der Unternehmensleitung unterstützen. (2)

Die jüngste Finanz- und Wirtschaftskrise hat Diskussionen nicht nur über die Rolle von Banken, Ratingagenturen, Finanzmarktaufsicht und Zentralbanken ausgelöst, sondern auch die Rolle der Abschlussprüfer in dieser Krise hinterfragt. Da die Prüfer die Krise nicht vorhergesehen hatten, wird ihnen von der Öffentlichkeit auch eine Mitverantwortung für die Krise zugewiesen. (2)

Die EU-Kommission hat am 13.10.2010 im Zuge der Aufarbeitung der Finanz- und Wirtschaftskrise das Grünbuch "Weiteres Vorgehen im Bereich der Abschlussprüfung: Lehren aus der Krise" veröffentlicht. Der EU geht es in erster Linie darum, die Bedeutung der Abschlussprüfung zu stärken und diese zukunftssicherer zu machen. (2), (4)

In diesem Grünbuch werden Überlegungen zusammengestellt, mit denen die Europäische Union Lehren aus der Finanzkrise und den früheren Bilanzskandalen für die Wirtschaftsprüfung ziehen kann. In der Regel tauchen längst nicht alle Ideen, die in Grünbüchern als traditionell erstem Schritt bei größeren und absehbar umstrittenen Gesetzgebungsvorhaben formuliert werden, später in den Vorschlägen der EU-Kommission auf. Aber die EU-Behörde gibt mit dem Grünbuch allen Betroffenen eine Vorwarnung und damit eine wichtige Orientierung, worauf sie sich eventuell einstellen müssen. (1)

Überblick über die wesentlichen Vorschläge

- Neuordnung des Marktes für Abschlussprüfungsleistungen
- Bestellung des Abschlussprüfers und Festlegung der Vergütung durch eine Regulierungsbehörde
- Regelmäßige Rotation des Prüfers
- Verbot von gleichzeitiger Prüfung und Beratung
- Erleichterung des Kapitalzugangs für Prüfer
- Pflicht zu Audit-Konsortien oder Joint Audits
- Europäischer Pass für Abschlussprüfer

Neuordnung des Marktes für Abschlussprüfungsleistungen

Der Markt für Abschlussprüfungsleistungen soll neu geordnet werden, indem das Prüfungsoligopol der "Big-Four"-Prüfungsgesellschaften zugunsten mittelständischer Prüferpraxen aufgebrochen wird. Das Ziel ist die Marktmacht der vier großen Prüfungsgesellschaften (PricewaterhouseCoopers, KPMG, Ernst & Young und Deloitte) zu begrenzen, die in den meisten EU-Staaten mehr als 90 Prozent des Marktes abdecken. Der Konzentrationsprozess ist in kaum einer anderen Branche derart rasch vorangekommen wie bei den Wirtschaftsprüfern. Vor gut zehn Jahren gab es noch acht gewichtige Gesellschaften weltweit. Übernahmen und Fusionen reduzierten die Anzahl auf vier. [(1)](), [(2)](), [(3)]()

Bestellung des Abschlussprüfers und Festlegung der Vergütung durch eine Regulierungsbehörde

Nach derzeitiger Praxis wird die Wirtschaftsprüfungsgesellschaft vom Unternehmen bestellt und bezahlt. Neu wird nun erwogen, dass die Bestellung, Vergütung und die Dauer des

Prüfauftrags von einem Dritten, vielleicht einer Regulierungsbehörde, wahrgenommen wird. (1), (2)

Regelmäßige Rotation des Prüfers

Im Grünbuch wird die zeitliche Begrenzung von Prüfermandaten auf fünf bis sechs Jahre mit anschließender Karenzzeit thematisiert, um dem "Risiko der Vertrautheit" vorzubeugen. Wechseln sollen dabei nicht allein die Prüfungsgesellschaften, sondern auch die Wirtschaftsprüfer. Damit soll verhindert werden, dass Wirtschaftsprüfer, die zu einem anderen Arbeitgeber weiterziehen, Kunden mitnehmen. (1), (3)

Verbot von gleichzeitiger Prüfung und Beratung

Im Grünbuch taucht auch das altbekannte Thema einer strengeren Trennung von Prüfung und Beratung auf. Es wird überlegt, ein generelles Verbot für die Erbringung von Nicht-Prüfungsleistungen bei Prüfungsmandanten zu verordnen. Bislang ist es zumindest nicht flächendeckend in der EU verboten, den Kunden auch andere Dienste neben der Prüfung des Jahresabschlusses anzubieten. Die EU-Kommission wird die Vor- und Nachteile eines

Verbots "der Erbringung von Nichtprüfungsleistungen" abwägen. (1), (2)

Erleichterung des Kapitalzugangs für Prüfungsgesellschaften

Das Grünbuch wirft die Frage auf, ob die Prüfungsgesellschaften ausreichende Reserven haben, um potenziellen Haftungsansprüchen zu begegnen. Die EU-Kommission überlegt, wie die Prüfungsgesellschaften einfacher an Kapital gelangen können, um Haftungsreserven aufzubauen und die Finanzierung zu stärken. (1)

Pflicht zu Audit-Konsortien oder Joint Audits

Damit mittelständische Wirtschaftsprüfer eine bessere Chance haben, ins Geschäft zu kommen, greift die EU-Kommission die Idee von Audit-Konsortien auf. Bei der Prüfung großer Firmen sollen - wie bereits in Frankreich üblich - Tandems gebildet werden, vorzugsweise sogar Konsortien, in denen große und kleine Prüfer gemeinsam den Jahresabschluss prüfen. (1)

Europäischer Pass für Abschlussprüfer

Näher untersucht wird auch das Konzept eines "Europäischen Passes" für Abschlussprüfer, um das europaweite Angebot solcher Dienste zu vereinfachen. Damit würden die Bewilligungs-Kompetenzen von den nationalen Gremien an eine internationale Stelle übergehen. (1)

Weitere Vorschläge

In Bezug auf den Prüfungsvermerk möchte die EU-Behörde mehr in Richtung einer "wirtschaftlichen Betrachtungsweise", damit ein Bild entsteht, das den tatsächlichen Verhältnissen entspricht. Der Prüfungsvermerk soll zukünftig nicht mehr nur bestätigen, dass der Abschluss den geltenden Rechnungslegungsvorschriften entspricht.

Die EU-Kommission stellte auch Überlegungen an, ob sie etwas dafür tun kann, dass ein "eingeschränkter" Prüfvermerk zukünftig nicht mehr als so negativ wahrgenommen wird wie gegenwärtig.

Gedanken wurden sich auch zu dem Thema einer Ausweitung des Prüfmandats auf zukunftsgerichtete Informationen des Unternehmens gemacht. (1)

Reaktionen auf das veröffentlichte Grünbuch

Zum Grünbuch erreichten die Kommission 688 Stellungnahmen, davon allein 42 Prozent aus Deutschland. Im Februar 2011 fand in Brüssel eine Konferenz der EU-Kommission statt, in der die eingegangenen Stellungnahmen vorgestellt und diskutiert wurden. (2)

Die Einführung einer Pflicht zur externen Rotation wird als kontraproduktiv eingeschätzt. Der externen Rotation wurde in Deutschland in den letzten Jahren bei diversen gesetzlichen Änderungen nach intensiver Prüfung und mit überzeugenden Argumenten eine klare Absage erteilt. Empirische Studien belegen, dass die Zahl der auf Prüfungsfehler zurückzuführenden Haftungsfälle bei Erst- und Zweitprüfungen signifikant höher liegt als bei anschließenden Wiederholungsprüfungen. Hinzu kommt, dass Länder in Europa (z.B. Österreich), die eine Pflicht zur externen Rotation eingeführt hatten, sich von dieser inzwischen wieder abgewendet haben, weil die damit verfolgten Ziele nicht erreicht wurden. (2)

Die Einführung von Joint Audits wird in der Prüferbranche unterschiedlich eingeschätzt: Während mittelständische Prüfungsunternehmen den Vorschlag positiv bewerten, setzen die großen

Marktführer allein auf Qualitätsverbesserungen innerhalb des bestehenden Systems, z.B. durch eine engere Zusammenarbeit zwischen Prüfer und Aufsichtsorganen. (3)

Trends

Für November 2011 hat die EU-Kommission den Entwurf einer EU-Richtlinie angekündigt. Es bleibt spannend, welche Vorschläge des Grünbuchs letztlich in der EU umgesetzt werden. EU-Binnenmarktkommissar Michel Barnier hat allerdings bereits klargestellt, dass die Aufrechterhaltung des Status quo keine Option für die Kommission darstellt. (2), (3)

Fallbeispiele

Das EU-Grünbuch für Wirtschaftsprüfer hat heftige Diskussionen ausgelöst. Allerdings wird es nach Einschätzung von Klaus-Heiner Lehne, Vorsitzender des Rechtsausschusses im Europäischen Parlament, keine Revolution, sondern nur graduelle Anpassungen in der Prüferregulierung als Antwort auf die Finanzkrise geben. Im Rechtsausschuss existiert eine Mehrheit gegen einige der im Grünbuch festgehalten Vorschläge. (3)

Timotheus Höttges, Finanzvorstand der Deutschen

Telekom, steht dem Grünbuch sehr kritisch gegenüber. Seiner Meinung nach diene es nicht dazu, die Qualität der Prüfung zu erhöhen, sondern werde die Arbeit eher verschlechtern, da die Vorschläge nicht mit den Ansprüchen eines global agierenden Konzerns vereinbar sind. (3)

Klaus-Peter Naumann, Vorstandssprecher des Instituts der Wirtschaftsprüfer in Deutschland, ist der Ansicht, dass die Erwägung der EU, eine staatliche Behörde die Prüfmandate vergeben zu lassen, die Qualität der Prüfung verschlechtern werde. Niedrigere und staatlich gedeckelte Honorare führten nicht zu einer Verbesserung der Qualität. Stoße ein Prüfer auf Ungereimtheiten, müsse er in der Lage sein, den Sachen auf den Grund zu gehen. Dies funktioniere nur, wenn er für die intensivere Prüfarbeit auch angemessen bezahlt werde. (4)

Weiterführende Literatur

(1) EU will Marktmacht großer Wirtschaftsprüfer brechen Barnier bringt Bestellung von Amts wegen und Pflicht-Konsortien ins Gespräch - Auch Interessenkonflikte durch Beratungsdienste am Pranger
aus Börsen-Zeitung, 14.10.2010, Nummer 198, Seite 11

(2) Das Grünbuch zur Abschlussprüfung - kein Treffer

ins Schwarze
aus Der Aufsichtsrat Nr. 4 vom 15.04.2011 Seite 050

(3) Prüfer-Grünbuch stößt auf harten Protest EU-Rechtsausschuss mehrheitlich gegen stärkere Regulierung - Nur graduelle Anpassungen erwartet
aus Börsen-Zeitung, 15.04.2011, Nummer 74, Seite 10

(4) "Aufsichtsrat als Sparringpartner für Wirtschaftsprüfer"
aus WirtschaftsWoche online vom 20101014, 11:47:52

Impressum

EU-Grünbuch - Vorschläge zur Verbesserung der Abschlussprüfung

Bibliografische Information der deutschen Nationalbibliothek

Die Deutsche Nationalbibliothek verzeichnet diese Publikation in der deutschen Nationalbibliografie; detaillierte bibliografische Daten sind im Internet über http://dnb.d-nb.de abrufbar.

ISBN: 978-3-7379-1401-7

© 2015 GBI-Genios Deutsche Wirtschaftsdatenbank GmbH, Freischützstraße 96, 81927 München, www.genios.de

Alle Rechte vorbehalten. Dieses Werk ist einschließlich aller seiner Teile – z.B. Texte, Tabellen und Grafiken - urheberrechtlich geschützt. Jede Verwertung außerhalb der Grenzen des Urheberrechtsgesetzes bedarf der vorherigen Zustimmung des Verlags. Dies gilt insbesondere auch für auszugsweise Nachdrucke, fotomechanische

Vervielfältigungen (Fotokopie/Mikroskopie), Übersetzungen, Auswertungen durch Datenbanken oder ähnliche Einrichtungen und die Einspeicherung und Verarbeitung in elektronischen Systemen.